VIDAS
VALIENTES
Estudio bíblico

Michael Catt   Stephen Kendrick   Alex Kendrick

Desarrollado por

Nic Allen

B&H Publishing Group
Nashville, TN

ISBN:9781415868867 • Item: 005271303

Dewey Decimal Classification: 248.642
Subject Heading: Valor\Hombres\Liderazgo\Familia

El estudios de Vidas valientes le otorga créditos en el Plan de Estudios de Desarrollo Cristiano.
Visite www.lifeway.com/CGSP para obtener información acerca de este plan.

Créditos de las fotos usadas: página 13, United States Marine Corps; página 20 y 30, Todd
Stone; página 23, Truro Daily News; página 33, Billy Graham Evangelistic Association; página 43,
EthnoGraphic Media

A menos que se indique lo contrario, todas las citas bíblicas se han tomado de la Santa
Biblia, Versión Reina Valera de 1960, propiedad de las Sociedades Bíblicas en América Latina,
publicada por Brodman & Holman Publishers, Nashville, TN., Usada con permiso.

Para ordenar copias adicionales escriba a LifeWay Church Resources Customer Service, One
LifeWay Plaza, Nashville, TN 37234-0113; FAX (615) 251-5933; teléfono 1-800 257-7744 ó
envíe un correo electrónico a customerservice@lifeway.com. Le invitamos a visitar nuestro portal
electrónico en WWW.lifeway.com donde encontrará otros muchos recursos disponibles. También
puede adquirirlo en su librería cristiana favorita.

Printed in the United States of America

Multi-Language Publishing, LifeWay Christian Resources,
One LifeWay Plaza, Nashville, TN 37234-0175

Índice

> *Se necesita valor para luchar por mi familia.*

> *Se necesita valor para apreciar lo más importante.*

> *Se necesita valor para impactar a las futuras generaciones.*

> *Se necesita valor para permanecer en Cristo.*

Acerca de los autores

Alex, Stephen y Michael con Jim McBride (al centro en el fondo), el cuarto miembro del equipo de liderazgo de Sherwood Pictures.

Michael Catt está casado, es padre de dos hijas adultas y, desde 1989, ha servido como pastor principal en la Sherwood Baptist Church en Albany, Georgia (www.MichaelCatt.com). Junto con Jim McBride, Michael, también es productor ejecutivo de Sherwood Pictures. La misión de la iglesia es "tocar el mundo entero con la Palabra, motivados por una pasión por Cristo y una compasión por todas las personas".

Stephen Kendrick está casado, es padre de cuatro hijos y pastor asociado en la Sherwood Baptist Church. Stephen supervisa el ministerio de oración de la iglesia y produce todas las películas de Sherwood. Además de este estudio, Stephen y Alex escribieron el éxito de ventas *El desafío del amor* y el estudio bíblico *El desafío del amor*.

Alex Kendrick está casado, es padre de seis hijos y pastor asociado en la Sherwood Baptist Church. Es orador, actor, escritor y el director de todas las películas de Sherwood. Alex hizo el papel de Grant Taylor en *Facing the giants* y de Adam Mitchell en *Valientes*.

Nic Allen está casado, es padre de dos niñas y pastor. Después de diez años en el ministerio estudiantil en la Rolling Hills Community Church de Franklin, Tennessee, pasó al ministerio de familia y niños para enfocarse sobre todo en los padres.

El honor empieza por casa
Acerca de la película

Cuatro hombres, con un llamado: servir y proteger. Como agentes de la policía, Adam Mitchell, Nathan Hayes y sus compañeros, David Thomson y Shane Fuller, del departamento del Sheriff, están confiados. Con mucho gusto se enfrentan cada día a lo peor que se encuentra en la calle.

Aunque a Adam le va muy bien en el trabajo, en la casa tiene problemas para relacionarse con su familia. Él y su hijo adolescente van por caminos diferentes. Entre los juegos de video de Dylan y las carreras nocturnas que Adam hace para entrenarse, padre e hijo parecen tener muy poco en común. Y aunque su pequeña hija es su motivo de orgullo y alegría, no hay dudas de que Adam no comparte el entusiasmo que Emily siente por la vida.

Nathan, que creció sin conocer a su papá, hace todo lo posible por romper el ciclo de la ausencia paterna en su familia. Los hijos pequeños de Nathan lo admiran pero su hija adolescente se aleja de él a medida que empieza a llamar la atención de los muchachos jóvenes.

Como padre divorciado Shane lucha para tratar de permanecer involucrado en la vida de su hijo y salir adelante económicamente. David, un joven oficial, es soltero y tiene un pasado que oculta muy bien.

Pasar tiempo juntos es algo valioso para estos hombres que con entusiasmo reciben en su círculo a Javier, un nuevo amigo. Javier le ve el humor a la vida mientras trabaja con diligencia para llegar a fin de mes. Javier está enfocado en Dios y lucha entrañablemente para sostener a su esposa y a sus dos hijos pequeños. Una tragedia los golpea y estos hombres se quedan luchando con sus esperanzas, sus temores, su fe y su papel de padres. ¿Podrá una necesidad urgente ayudar a estos padres a acercarse más a Dios y a sus hijos? ¿Cómo afectarán sus historias a sus familias?

"Por mi parte, mi familia y yo serviremos al Señor" (Josué 24.15, NVI).

Introducción
Viva una vida valiente

La palabra pandemia describe el brote de una enfermedad a una escala mayor de la esperada. Cubre una amplia zona geográfica que a menudo supera las fronteras internacionales. Su alcance es mayor que el de una epidemia y a menudo es más amenazador. El brote de influenza de 1918 cobró más de veinte millones de vidas alrededor del mundo y pudiera describirse fácilmente como una pandemia.[1]

Los estudios de hoy muestran que los hijos que viven sin padres son más propensos a la pobreza y a tener importantes problemas emocionales, educativos, médicos y psicológicos. Estudios similares revelan que más de 24 millones de norteamericanos viven en estos momentos sin sus padres biológicos. Esta estadística representa el 36 por ciento de todos los niños norteamericanos, lo cual hace que la ausencia de los padres sea un problema de proporciones pandémicas.[2]

La única solución a este problema tan generalizado es un regreso a la paternidad bíblica: hombres de valor que adopten una postura firme en sus hogares y sus comunidades para amar, guiar y proteger a sus hijos y así eliminar los problemas asociados con la ausencia de los padres. En la película *Valientes* cuatro hombres reconocen esta necesidad y responden con valentía al llamado a ser mejores padres.

Adam Mitchell y sus compañeros agentes Nathan Hayes, David Thomson y Shane Fuller siempre dan lo mejor de sí en su trabajo, sin embargo, como padres lo único que pueden lograr es un "bueno". No obstante, comienzan con rapidez a descubrir que su norma no es la adecuada. Saben que Dios quiere devolver el corazón de los padres a sus hijos, pero sus hijos se alejan cada vez más de ellos.

¿Podrán encontrar la manera de servir y proteger a aquellos a quienes aman más?

Pero tal y como sucede con estos cuatro padres, tomar los principios que se presentan en este estudio bíblico y aplicarlos a sus vidas requerirá valor.

La película *Valientes* y este estudio bíblico hacen un llamado...

- al padre que siempre está trabajando y se siente un poco desconectado en casa.
- al soldado que lleva meses movilizado y está ansioso de volver a su esposa y a sus hijos.
- al padre que está en casa los fines de semana pero que viaja todos los lunes en la mañana para trabajar en otro lugar.
- al joven cuya relación fue demasiado lejos, demasiado pronto y se convirtió en padre demasiado joven.
- al padre divorciado que cada otro fin de semana y durante un mes en el verano se convierte en papá de tiempo completo.
- al padrastro que vive con sus hijastros.
- a la madre soltera que está criando a tres hijos y es padre y madre cada día.
- al joven y su esposa que aguardan la llegada de su primer hijo.
- al padre maduro que recuerda su vida con remordimiento y ahora quiere tener un impacto en la vida de sus nietos.
- al papá que nunca conoció a su padre y anhela descubrir cómo guiar bien a su familia.

Este es un llamado a los creyentes a adoptar una posición valiente por el bien de sus hijos y de su futuro. ¡Este estudio es para usted!

1. Martin I. Meltzer, Nancy J. Cox, and Keiji Fukuda, "The Economic Impact of Pandemic Influenza in the United States: Priorities for Intervention" [online] 2005[visitado el 5 de enero de 2011]. En Internet: *http://www.cdc.gov/ncidod/eid/vol5no5/meltzer.htm*
2. "The Extent of Fatherlessness" [online] 2007 [visitado el 5 de enero de 2011]. En Internet: *http://www.fathers.com/content/index.php?option=com_content&task=view&id=336*

Cómo usar este estudio

El estudio bíblico Vidas valientes está organizado por secciones y puede usarse como un estudio para grupos pequeños o para el estudio personal. Conceda de 45 a 60 minutos para las sesiones en grupo.

Lea La sección introductoria de cada estudio contiene la historia de un héroe cuya vida ejemplifica o enfrenta el tema del día. Los alumnos deben leer el extracto y estar preparados para señalar y aplicar los principios correspondientes cuando así lo requieran las preguntas de la discusión abierta.

Mire El DVD de este estudio bíblico contiene fragmentos de la película *Valientes* que van con cada una de las cuatro sesiones. Cada fragmento tiene una duración de entre 1:30 y 4:00 minutos y lo apoya una serie de preguntas que se basan en el principio que se está presentando.

Estudie Esta es la sección principal de cada sesión. Los alumnos deben leer un fragmento de las escrituras y después un resumen que les lleva a debatir preguntas relacionadas con el pasaje bíblico.

Viva Por último, la sesión se completa con un resumen y un desafío a vivir vidas valientes. También aparece un punto de aplicación para todos los creyentes (Aplicación) así como uno para los padres (Para los padres), seguido de una oración de clausura. El facilitador del grupo debe ser comprensivo con cualquier no creyente que esté en el grupo.

Lo ideal sería que la sección "Viva" tenga lugar en un grupo pequeño que ya haya experimentado todas las otras secciones de la sesión en grupo. Sin embargo, si su grupo lo prefiere, puede hacer la parte de la aplicación durante la semana (no existe una tarea formal). Algunas actividades, como la escala de compromiso a la valentía de la primera sesión, puede hacerse mejor en la casa, en privado. No importa cómo lo haga, pero comprométase a hacer una aplicación significativa dentro de su contexto para tener vidas valientes y edificar familias valientes.

Una carta para los líderes

Gracias por responder al llamado de dirigir este estudio bíblico en un grupo pequeño. Sepa que al preparar este estudio, oramos por usted y por el papel increíble que desempeñará.

Aunque este estudio bíblico se centra en los padres y en el regreso a la paternidad bíblica, el material es para aquel que quiera aprender, ya sea que tenga hijos o no. Si alguien no tiene hijos, de todas formas tiene un padre y esa relación tiene poderosas implicaciones en la manera en que funcionamos como creyentes. Este estudio también es importante para las mujeres de su grupo.

Tal vez haga este estudio como parte de una campaña de su iglesia que anticipe el lanzamiento de la película *Valientes*. Quizá su grupo ya haya visto la película y esté haciendo este estudio como seguimiento. Sea cual fuere el momento o el grupo que haya escogido, este estudio tiene un gran potencial para ayudar a transformar las familias de su iglesia y las de su comunidad.

Las palabras en estas páginas no son poderosas ni son parte de una fórmula secreta que tenga la garantía de mejorar las relaciones familiares y dar crecimiento a su iglesia. Pero en combinación con la Palabra de Dios, que cambia vidas, este mensaje puede ser una increíble herramienta que inspire un avivamiento dramático en los corazones de los creyentes y ofrezca una sólida herramienta evangélica para los no creyentes.

Tal vez le dé temor dirigir este estudio. ¡Sea valiente! Dios no lo llamó porque sea un padre perfecto ni porque haya criado hijos perfectos. Tal vez ni siquiera tenga hijos. Usted está dirigiendo este estudio porque Dios prepara a su pueblo para hacer su obra. Nuestra oración es que, al dirigirlo, vea a Dios obrar en su vida poderosamente y que sienta el poder del Espíritu Santo sosteniéndolo.

La mejor manera de prepararse para cada semana es hacer usted mismo el estudio. Sea sincero con su grupo, muestre con honestidad aquellas áreas en las que usted también lucha. Ore para que Dios dirija su conversación y le dé poder para dirigir bien, ¡y Él lo hará! Gracias por responder a este llamado valiente.

Una nota especial para las mujeres

Sin lugar a dudas usted pensó: Soy esposa, madre o una mujer de fe. "¿Cómo me beneficiaré con este estudio?" Usted no es la única. La película *Valientes* está dirigida en primer lugar a los hombres. Sin lugar a dudas existe una carencia de paternidad bíblica y sus efectos tienen un gran alcance. Como madre usted tiene una gran influencia en la crianza de sus hijos, que un día serán padres, al igual que en la crianza de sus hijas que un día escogerán al hombre con quien se casarán y que será el padre de sus hijos.

Usted tiene una increíble responsabilidad. Incluso, si no tiene hijos, tiene un padre y sabe el efecto que su presencia o ausencia tiene en su vida. Este estudio no solo constituye una oportunidad para examinar la relación que tiene con su padre sino también una oportunidad para acercarse más a su Padre celestial.

Aunque necesitamos encarecidamente hombres que den el paso y sean los padres que Dios les ha llamado a ser y para lo que Él les capacitó, también necesitamos mujeres que entiendan ese llamado y que proporcionen el apoyo necesario y el ánimo cotidiano para hacer de esto una realidad en nuestras familias. Gracias por reconocer el valor de este estudio y por involucrarse en el mismo con un corazón sincero y una mente abierta. En cada sesión hay una aplicación específica para usted.

Oramos para que al involucrarse en este estudio usted se acerque más al corazón de Dios y al llamado que Él hace a su vida ¡para que sea una creyente valiente!

Pautas para los grupos pequeños

Estas pautas le ayudarán a garantizar que su experiencia durante este estudio bíblico sea la más significativa posible. En la primera reunión repase estas pautas con el grupo y pida a cada participante que se comprometa con ellas.

Confidencialidad

Al sumergirse en este estudio, se motivará a los miembros a hablar de pensamientos y sentimientos acerca de las relaciones con las familias en las que se criaron, al igual que con la familia que están forjando ahora. Todas estas expresiones se hacen en confianza y el grupo debe mantener la más estricta confidencialidad.

Respeto

Es más fácil dar consejos a medida que se fomenta la confianza y que los participantes comienzan a hablar acerca de sus luchas personales. Las escrituras nos enseñan a ser prontos para escuchar y tardos para hablar (Stg. 1.19). Escuchar es un punto clave que debemos respetar. Incluso, los consejos bien intencionados pueden recibirse mal si se ofrecen demasiado pronto o antes de que la persona haya entendido toda la situación. Es importante que los participantes respeten las ideas y opiniones de los demás y proporcionen un ambiente seguro en el que puedan comentarse dichas ideas y opiniones sin temor al juicio.

Preparación

Para sacar el mayor provecho a este estudio, cada miembro debe asistir a las reuniones preparados para hablar del material, después de haber leído el estudio y haber respondido a las preguntas. Cada participante respetará la contribución de los demás miembros que tomaron el tiempo de prepararse para cada sesión.

Responsabilidad

La meta de un grupo pequeño es tener una transformación. Cada sesión ayuda a los paticipantes a identificar áreas que necesitan atención, ya sea en su andar con Cristo o en su rol como cónyuge, padre o madre y amigo. Todas las semanas se pedirá a los participantes que consideren los próximos pasos valientes que pueden dar. Estos deben comprometerse, como grupo, a tener la responsabilidad necesaria para resistir hasta el final y vivir una vida valiente.

UN LLAMADO VALIENTE

Se necesita VALOR para luchar por mi FAMILIA

¿Conoce el nombre Rafael Peralta? Sin duda que el cabo Adam Morrison de la Infantería de los Estados Unidos sí lo conoce. El 15 de noviembre de 2004 Rafael Peralta, un miembro de la unidad Morrison, le salvó la vida a él y "a cada soldado que estaba en aquella habitación".

Su unidad llevaba siete días seguidos buscando casa por casa a terroristas, en Fallujah, Iraq. Esa mañana entraron a una casa y revisaron todas las habitaciones, pero a la izquierda encontraron una puerta cerrada. El sargento Peralta abrió la puerta y tres terroristas armados con AK-47 lo recibieron con disparos. Peralta, vivo pero muy mal herido y en el suelo junto a la puerta, vio venir una granada hacia él, la tomó y la puso cerca de su abdomen. Él murió cuando la granada explotó, pero el resto de su tropa sobrevivió.

Peralta era un inmigrante mexicano de 25 años que se alistó en la infantería el día que recibió su tarjeta de Residente Permanente (Green Card). Dejó a sus padres para irse a Iraq y se inscribió para servir en primera línea de defensa. Su habitación tenía tres artículos en la pared: Una copia de la Constitución, la Declaración de Derechos y el certificado de graduación del campamento de entrenamiento. Antes de su acto heroico le escribió a su hermano diciendo: "Hermano siéntete orgulloso de mí y de ser estadounidense". Los que conocieron a Rafael Peralta pueden sentirse realmente orgullosos. [1]

SARGENTO PERALTA
7 de abril de 1979 –
15 de noviembre de 2004

Se necesita valor para alistarse en la infantería. Se necesita valor para voluntariamente poner fin a su vida para salvar la de los demás y así permitir que la misión continúe. En un batalla militar la libertad está en juego, en una batalla espiritual nuestras familias están en juego. Nuestros hogares están bajo una gran presión y se convertirán en víctimas a menos que respondamos al llamado de levantarse y luchar por ellos.

FRAGMENTO DE LA PELÍCULA

Mire el fragmento No. 1, "Robo de auto" (2:23), que aparece en el DVD para grupos pequeños y después utilice los comentarios para comenzar el estudio.

RESUMEN

En esta escena hay un hombre llamado Nathan Hayes que llega a una gasolinera y comienza a echar gasolina. Decide limpiar el parabrisas de su auto y se aleja un momento de la bomba de gasolina y un pandillero roba su auto. Mucho más preocupado por el contenido del auto que por el auto en sí, Nathan lo arriesga todo para tratar de detener al ladrón. Está dispuesto a entregar su vida por lo que es más importante para él y lo mejor que puede hacer es mantener las manos en el volante.

DISCUSIÓN ABIERTA

Preséntense uno al otro. Recuérden los nombres y edades de todos sus hijos.

El *peligro* y el *temor* son palabras que a menudo se asocian con la palabra *valiente*. Se necesita valor para responder a una situación amenazadora. Según una descripción popular:

"VALOR *no es la ausencia del miedo, más bien es la opinión de que hay algo más importante que el miedo."* [2]

1 Antes de darse cuenta del objetivo de Nathan, ¿estuvo de acuerdo con sus acciones o esperaba que él se diera por vencido? ¿Cómo se sintió luego de entender por qué Nathan luchaba?

¿Diría que sus acciones son valientes y heroicas? ¿Por qué?

2 Describa la situación más peligrosa en la que se ha encontrado alguna vez. ¿Reaccionaría ahora de la misma manera en que lo hizo entonces? O, al recordarlo, ¿quisiera haber reaccionado de otra forma? ¿Era su seguridad lo único que estaba en juego o había alguien más involucrado?

3 ¿Qué es lo que más le asusta en cuanto a las etapas de la vida de sus hijos? Si no tiene hijos, ¿qué le preocupa ante la posibilidad de ser padre algún día?

4 ¿Cuáles tres cosas cree que amenazan más a las familias actuales? ¿Qué sacrificio está dispuesto a hacer para que estas amenazas no dañen ni destruyan a su familia? ¿Cómo el valor nos ayuda a hacer estos cambios?

No es raro sentir temor por las personas importantes y las responsabilidades importantes. Sin embargo, las escrituras nos enseñan que disponemos de una senda mejor en el camino de la vida y la crianza de los hijos.

Estudie

El libro de Josué comienza con la muerte de Moisés y la designación de Josué como el nuevo líder del pueblo de Dios. Anteriormente, bajo el liderazgo de Moisés, Josué dirigió una batalla victoriosa contra los amalecitas (Éxodo 17). Junto con otros 11 hombres Josué espió la tierra de Canaán (Números 13–14). Solo él y Caleb regresaron con una perspectiva favorable en cuanto a la batalla inminente. El nombre de Josué significa "El Señor es salvación" y está relacionado con el nombre Jesús en el Nuevo Testamento. Josué tenía la plenitud del Espíritu Santo y ahora Dios le comisionaba para un servicio aún mayor.

JOSUÉ 1.1-9

1 Aconteció después de la muerte de Moisés siervo de Jehová, que Jehová habló a Josué hijo de Nun, servidor de Moisés, diciendo:

2 Mi siervo Moisés ha muerto; ahora, pues, levántate y pasa este Jordán, tú y todo este pueblo, a la tierra que yo les doy a los hijos de Israel.

3 Yo os he entregado, como lo había dicho a Moisés, todo lugar que pisare la planta de vuestro pie.

4 Desde el desierto y el Líbano hasta el gran río Eufrates, toda la tierra de los heteos hasta el gran mar donde se pone el sol, será vuestro territorio.

5 Nadie te podrá hacer frente en todos los días de tu vida; como estuve con Moisés, estaré contigo; no te dejaré, ni te desampararé.

6 Esfuérzate y sé valiente; porque tú repartirás a este pueblo por heredad la tierra de la cual juré a sus padres que la daría a ellos.

7 Solamente esfuérzate y sé muy valiente, para cuidar de hacer conforme a toda la ley que mi siervo Moisés te mandó; no te apartes de ella ni a diestra ni a siniestra, para que seas prosperado en todas las cosas que emprendas.

8 Nunca se apartará de tu boca este libro de la ley, sino que de día y de noche meditarás en él, para que guardes y hagas conforme a todo lo que en él está escrito; porque entonces harás prosperar tu camino, y todo te saldrá bien.

9 Mira que te mando que te esfuerces y seas valiente; no temas ni desmayes, porque Jehová tu Dios estará contigo en dondequiera que vayas.

Observe el número de veces que Dios instruyó a Josué y le dijo "esfuérzate y sé valiente". ¿Por qué Josué sentiría miedo? ¿Por qué el valor es clave para ser un líder modelo?

¿Qué le prometió Dios a Josué en este pasaje (vv. 3, 7, 9)?

Dios promete bendecirnos y darnos un éxito verdadero. Él es fiel para cumplir sus promesas. Sobre todo, Él nos promete su presencia dondequiera que vayamos.

¿Qué le exigió Dios a Josué en este pasaje (vv. 6-9)?
¿Qué dijo Dios que es la clave para el éxito (v. 8)?

Si supiera que Dios le ordenará hacer algo, le bendecirá si lo hace y siempre estará con usted para ayudarle a triunfar, ¿sería usted más valiente?

¿Hay algo que Dios ya le ordenó que hiciera para lo cual necesita valor, confiar en Él y obedecer?

Lea Deuteronomio 31.23.

¿Qué le dijo Moisés a Josué antes de morir?

Dé ejemplos de ordenanzas de hoy día. ¿Tenemos aquí un paralelo para el liderazgo cristiano de hoy? ¿Para los padres y las madres?

Específicamente, ¿qué le ha encargado Dios que haga como hombre?

Lea Josué 1.16-18.

¿Cómo la respuesta del pueblo a Josué confirmó el llamado de Dios para su vida?

¿Qué prometió hacer el pueblo? ¿Cómo se reflejan los requisitos de Dios para el liderazgo de Josué en las vidas del pueblo?

Compare Josué 1.7-8 con Josué 1.16-18. ¿Qué relaciones ve?

Primero, Dios le ordenó a Josué que fuera obediente al libro de la Ley y a la Palabra de Dios. Entonces el pueblo que estaba bajo el cuidado de Josué se comprometió a hacer lo mismo. Aunque Josué cometió errores como líder, siguió buscando al Señor y tratando de volver al camino como un gran ejemplo para aquellos a quienes dirigía.

Como hombres y mujeres de fe, *el* COMPROMISO *de las personas que Dios nos confía solo será tan fuerte como el que nosotros tengamos.* Esto se cumple con otros creyentes a los que dirijamos y sean nuestros discípulos. También se cumple con los hijos que tenemos la responsabilidad de criar.

Aplicación

Somos personas que valoramos las medidas en la vida. De niños nos dan calificaciones en la escuela y la búsqueda de méritos aumenta cuando somos adultos. Las medidas son herramientas útiles.

El llamado que Dios le hizo a Josué para el liderazgo también fue un llamado para que se comprometiera a leer y permanecer en la Palabra de Dios (Jos.1.8). En este estudio usted considerará su compromiso personal con la Palabra de Dios. Evalúese en una escala del 1 al 10 en la que 10 es estar completamente comprometido y 1 es caminar lejos de Dios, y luego responda: "¿Por qué me doy esta calificación?" Esto es para el uso personal y no para compartir.

Valor para seguir la Palabra de Dios

1   2   3   4   5   6   7   8   9   10

¿Qué factores influyeron en esta calificación?

Obediencia a la Palabra de Dios

1   2   3   4   5   6   7   8   9   10

¿Qué factores influyeron en esta calificación?

Meditación en las escrituras

1   2   3   4   5   6   7   8   9   10

¿Qué factores influyeron en esta calificación?

Éxito como seguidor de Cristo

1   2   3   4   5   6   7   8   9   10

¿Qué factores influyeron en esta calificación?

¿Qué tipo de compromiso con Cristo ven sus hijos en usted?

¿Qué sacrificios está haciendo para ayudar a su familia a obedecer a Dios?

Resumen

Todos podemos mejorar en la lectura de la Palabra de Dios de una manera regular y en obedecer su voz. Al igual que Josué, usted puede necesitar recordatorios para ser fuerte y valiente.

Tal vez deba recordar que Dios le ayudará a guiar a su familia y que nunca le abandonará cuando usted le obedezca. Quizá necesite recordar que Él le llama a guiar, dirigir y proteger a aquellos que están bajo su cuidado. Su éxito en el liderazgo espiritual de su familia está vinculado directamente con su compromiso con la Palabra de Dios.

Escriba tres pasos que dará esta semana para leer mejor la Palabra de Dios y obedecer su voz.

1

2

3

Para los padres
Piensen cómo Dios quiere que sacrifiquen su vida por el bien de su familia.

Considere cómo Él quiere que usted sea un héroe en su hogar. Piense en las amenazas que cada día batallan en las puertas de los corazones y las vidas de sus hijos. A veces pueden ser amenazas físicas (granadas y robos de autos), pero a menudo son del tipo espiritual.

Por ejemplo, a menudo los varones enfrentan intimidación en la escuela o presión de sus compañeros. Desde una edad muy temprana las niñas pueden enfrentar asuntos relacionados con la imagen de sí mismas y de una sociedad en la que predomina el sexo. Hasta un niño de dos años enfrenta amenazas. Escriba las amenazas que se le ocurran.

Otros peligros para su familia no pueden detectarse tan fácilmente. ¿Qué de las actitudes de amargura hacia su cónyuge o sus hijos (Hebreos 12.15)? ¿Cómo dañan a sus hijos los problemas no resueltos del matrimonio? ¿Permite usted en su hogar contenido dañino a través del Internet, la TV o las películas? ¿Y los amigos que alejan a sus hijos de Dios? ¿Los pasatiempos u otras actividades que le impiden a usted o a sus hijos involucrarse en la iglesia?

Muchos padres que aman a Dios han pasado por lo que usted todavía tiene por delante. Usted puede beneficiarse de su sabiduría y amistad. Ellos pueden animarle y apoyarle. Ore continuamente pidiendo valor para tratar de manera piadosa las amenazas a sus hijos. Ore por cada hijo a medida que enfrenten estos desafíos. Propóngase pasar más tiempo con sus hijos, aprenda sus rutinas cotidianas. Como Nathan, ¡aférrese duro al volante!

Pida en oración sabiduría y valentía para dar el paso al frente y ser el papá que necesita ser: para servir, guiar y proteger a su familia. Dios está llamando a hombres y mujeres que con valor sigan a Cristo y a su Palabra. Él nos llama a hacer los sacrificios necesarios para luchar por nuestra fe, nuestras familias y las generaciones futuras.

ES HORA DE RESPONDER AL LLAMADO.

1. Oliver North, "Hero in Fallujah: Marine Laid Himself on Top of Grenade to Save Rest of Squad." Online, 16 de diciembre de 2004 [visitado el 5 de diciembre de 2011]. En Internet: *http://www.humanevents.com/article.php?id=6062*
2. "Ambrose Redmoon Quotes" , Online, 1999-2010 [visitado el 5 de diciembre de 2011]. En el Internet: *http://thinkexist.com/quotes/ambrose_redmoon*

PRIORIDADES VALIENTES

Se necesita **VALOR** para apreciar lo más importante.

Darse la gran vida tiene un nuevo significado desde julio de 2010. Aunque no es aconsejable jugar a la lotería, Allen y Violet Large de Nova Scotia, Canadá, ganaron 11.3 millones de dólares en una lotería y dieron todas las ganancias a iglesias, obras benéficas, hospitales e incluso a la estación de bomberos de la localidad. Después de ayudar a los familiares y amigos, la pareja decidió regalar el resto del dinero. Le dijeron al periódico Toronto Star "No se extraña lo que nunca se ha tenido".

Violet, que en ese momento padecía de cáncer y estaba recibiendo quimioterapia, sintió la necesidad de dar generosamente a hospitales locales y a las investigaciones sobre el cáncer. Allen le dijo al periódico que el dinero no significaba nada y que para ellos era mucho más importante tenerse el uno al otro.

ALLEN Y VIOLET LARGE

Truro Daily News

Los Large explicaron con toda franqueza cómo la ganancia había complicado sus vidas y había sido tanto una carga como una bendición. [1] Su generosidad fácilmente lleva a preguntar: "¿Qué es realmente importante en la vida?"
No ser menos que los demás es un desafío para todos. La comparación puede llevar a una de estas dos cosas: agresión o depresión. Puede llevarle a buscar de manera agresiva lo que no tiene para alcanzar un estatus que al final no le satisfará, o puede provocar una depresión abrumadora cuando usted deja de enfocarse en las bendiciones de la vida y se enfoca en deseos y aspiraciones insatisfechas.
Lo que hace que la generosidad de los Large tenga tanto interés noticioso es que es muy poco común. Sobresalen las personas que entienden qué es lo más importante. Se necesita valor para ser tan diferente y para que su vida se distinga de acuerdo a una norma diferente (más alta).

FRAGMENTO DE LA PELÍCULA

Vea el fragmento No. 2, "Escena del traje de Javier" (1:28), que aparece en el DVD para grupos pequeños y después utilice los comentarios para comenzar el estudio.

RESUMEN

En esta escena Javier se está probando un traje nuevo. Su esposa y sus hijos se emocionan al ver lo bien que luce. El dinero es escaso así que sin duda alguna el traje es un esfuerzo para el presupuesto familiar; Javier expresa recelo por el precio. Carmen insiste en que eso es lo que deben hacer para esta ocasión especial, el momento en que Javier se comprometerá a guiar espiritualmente a su familia. Javier le dice que se siente como si fuera un hombre muy rico y ella le confirma que así debe sentirse. Cuando se trata de las cosas que importan. Javier es sin duda un hombre rico.

Javier y Carmen son una pareja que comprende lo que importa en la vida. Son mucho más ricos de lo que uno pudiera pensar.

DISCUSIÓN ABIERTA

Jesús nos recuerda: "Porque donde esté vuestro tesoro, allí estará también vuestro corazón" (Mateo 6.21). Si considera aquello de lo que habla, en lo que piensa y en lo que gasta su tiempo y su dinero, descubrirá dónde se encuentra su corazón. También descubrirá qué atesora más.

1 Si los Large le hubieran dado un millón de dólares, ¿qué habría hecho usted con el dinero? ¿Se consideraría rico?

2 ¿Cómo revelan nuestras decisiones financieras lo que valoramos, lo que consideramos que es más importante?

3 ¿Qué cosas identificó Carmen en la vida de Javier que le hacen un hombre verdaderamente rico?

4 Enumere las cinco cosas que más le interesan en su vida.

Cuando nos detenemos a pensar en lo más importante de la vida, por lo general las relaciones se abren paso y llegan al número uno en la lista. La relación de Javier con Dios, con su esposa y con sus hijos —las cosas que son duraderas— son las que le convierten en un hombre rico.

5 ¿Por qué cree que invertimos tanto tiempo y energía en cosas que no son perdurables?

¿Cuán diferente sería su vida si comenzara a priorizar y vivir por las cosas que son más importantes para usted?

Estudie

La Palabra de Dios ilustra vívidamente el principio de las prioridades equivocadas. La ciudad de Jericó fue quemada (Josué 6). Dios ordenó que nadie se llevara ni guardara ninguno de los metales preciosos de Jericó, sino que los colocaran en el tesoro de la casa de Dios. Si obedecían, mostrarían que agradar a Dios era más importante para ellos que poseer tesoros terrenales.

Dios estaba con Josué e Israel tal y como lo prometió. Se habían dado las instrucciones específicas. Entonces sucedió. Josué 7.1 cuenta la historia de Acán y la ira del Señor sobre los israelitas a consecuencia de su pecado.

JOSUÉ 7.1

Pero los hijos de Israel cometieron una prevaricación en cuanto al anatema; porque Acán hijo de Carmi, hijo de Zabdi, hijo de Zera, de la tribu de Judá, tomó del anatema; y la ira de Jehová se encendió contra los hijos de Israel.

¿Qué hizo Acán que fue tan terrible?

¿Qué hizo Dios en respuesta al pecado de Acán?

Lea Josué 7.2-12.

¿Cómo respondió Josué a Dios después de la batalla de Hai (vv. 7-9)?

Lea Josué 7.19-21.

¿Por qué robó Acán de las cosas consagradas al Señor?

¿Por qué cree que el pecado de Acán sobresalió lo suficiente como para que Dios le diera al pueblo una lección tan fuerte?

Dios juzgó a la nación basándose en los pecados de una sola persona. Quitó su mano de bendición porque Acán actuó con desobediencia a Dios sin que el pueblo de Israel lo supiera ni tampoco el liderazgo principal. Había pecado en el campamento y tenía que ser eliminado.

Una mala calificación es suficiente para que todo el promedio baje. Un acto de infidelidad es suficiente para destruir toda una familia. Un solo pecado de obra u omisión puede tener efectos en su vida y en la vida de su familia durante generaciones. En el caso de Acán fue un pecado de valores. Los tesoros del mundo lo tentaron y escogió estos en lugar de la obediencia al Señor.

JESÚS LO DIJO MUCHO MEJOR:

"...haceos tesoros en el cielo, donde ni la polilla ni el orín corrompen, y donde ladrones no minan ni hurtan. Porque donde esté vuestro tesoro, allí estará también vuestro corazón".
Mateo 6.20-21

Un valor fuera de lugar puede ser todo el pecado necesario en la vida de su familia para que Satanás encuentre un punto de apoyo. Acán codició las cosas del mundo más que las riquezas de la promesa de Dios. En realidad, las cosas que codició no le dieron satisfacción. Ni siquiera pudo disfrutar el botín. Para tenerlo tuvo que esconderlo. Eso, sin dudas, no es satisfacción.

¿Cómo le tienta el mundo para conceder más valor a las riquezas materiales que a Cristo?

Hable de alguna ocasión en la que pensó que algo le daba mucha satisfacción y resultó no darle ninguna. ¿En qué otras cosas, aparte de Dios, busca satisfacción?

¿Se apoderó alguna vez de su familia la filosofía de "no ser menos que los demás"?

¿Cómo hace la situación económica actual que quiera más o se aferre con temor a lo que ya tiene?

Lea Josué 7.24-26.

Toda la familia de Acán sufrió y murió por lo que él le había hecho a Israel. Esa sentencia de muerte era legal bajo la ley de Dios y no solo hizo justicia sino que advirtió a toda la nación que no cometieran el mismo error y, por el contrario, siempre pusieran a Dios en primer lugar.

¿Estamos permitiendo pecados ocultos en nuestras vidas? ¿Cree realmente que esto no afectará a nuestras familias?

¿Cómo podemos acabar hoy, literalmente, con el pecado en nuestras vidas?

Acán confesó su pecado pero las escrituras no dicen que se arrepentió. En Josué 7.6, observe las acciones de Josué cuando supo del pecado y compárelas con la actitud de Acán, quien apenas declaró los hechos (7.20).

¿Por qué arrepentirse del pecado es como hacerlo morir en nuestras vidas?

Pecamos cada vez que nuestros deseos egoístas ocupan la prioridad de la Palabra de Dios en nuestras vidas. Ese pecado tiene implicaciones poderosas para nuestra salud espiritual así como para el estado de la salud espiritual de nuestra familia.

Cuando deseamos las cosas de este mundo más que las cosas de Dios abrimos nuestras vidas y nuestra familia a la insatisfacción y al resultado de nuestras acciones. Los valores fuera de lugar implican vidas fuera de lugar.

"No améis al mundo, ni las cosas que están en el mundo. Si alguno ama al mundo, el amor del Padre no está en él. Porque todo lo que hay en el mundo, los deseos de la carne, los deseos de los ojos, y la vanagloria de la vida, no proviene del Padre, sino del mundo. Y el mundo pasa, y sus deseos; pero el que hace la voluntad de Dios permanece para siempre".

1 Juan 2.15-17

Viva

Aplicación

Con el favor de Dios renovado entre su pueblo el ejército de Israel derrotó a Hai de manera dramática. Como respuesta a su éxito Josué erigió un altar y el pueblo adoró a Dios al leer y escuchar la Palabra de Dios. Siga evaluando su compromiso con la Palabra de Dios al leer (o escribir si prefiere) los siguiente versículos de las Escrituras.

Josué 1.7

Salmos 1.1-2

Juan 14.21

Resumen

Dios nos manda a guarda su Palabra. Es la clave para el éxito y la fuente de nuestra felicidad y deleite. Es un indicio de nuestro amor por Él y un vínculo directo a su comunicación con nosotros. Es el camino a la bendición.

Escriba una oración renovando su compromiso con Dios. Recuerde, la obediencia a Dios es lo más valioso en su vida. Aquello que valoramos indica nuestro grado de amor y obediencia a Dios.

Para los padres

Considere cómo Dios quiere que usted restablezca las prioridades de sus valores familiares. Analice cómo Él quiere que usted guíe y ayude a saber qué es importante para sus hijos e hijas.

> 1. Evalúe los intentos del mundo para seducir a sus hijos con cosas materiales y las tácticas de Satanás para llevar el pecado a su casa.

¿Cómo un enfoque equivocado en sí mismo le impidió dar libremente de lo que Dios le dio? ¿Cómo las prioridades en su tiempo le impidieron servir?

¿Cómo puede llevar a su familia a desear las cosas de Dios?

Tome un instante para identificar los valores que están fuera de lugar en su familia. Por ejemplo, ¿cómo la manera de celebrar los cumpleaños, la Semana Santa y la Navidad refuerza el materialismo en lugar del agradecimiento a Dios por lo que Él ha hecho por usted?

> 2. Recuerde lo que Carmen le dijo a Javier. Ella habló de tres cosas que describían gran valor y hacían de Javier un hombre muy rico.

¿Cómo puede remodelar lo que su familia considera como riqueza verdadera?

En un papel escriba tres valores nuevos para usted y su familia. Por ejemplo: "Apagar el televisor y pasar tiempo como familia". "Deshacernos de cosas que debiliten nuestra vida espiritual". "Ofrecernos como familia para servir a otros".

Por último, ore para que Dios le dé valor y pueda dar prioridad a lo que realmente es importante.

1. "What you've never had, you never miss, online, 5 de noviembre de 2010 [visitado el 5 de diciembre de 2011]. En Internet: http://www.dailymail.co.uk/news/article-1326473/Canadiancouple-Allen-Violet-Large-away-entire-11-2m-lottery-win.html

UN LEGADO VALIENTE

Se necesita VALOR para impactar a las futuras generaciones.

Presidente George H. W. Bush → Presidente George W. Bush

Rev. Billy Graham → Rev. Franklin Graham

Archie Manning → Peyton, Eli Manning

La expresión "de tal palo, tal astilla" tiene muchos ejemplos famosos. Los padres mencionados tienen muchos motivos para sentirse orgullosos de sus hijos porque han seguido sus pasos. Aunque muchos hijos toman caminos completamente diferentes al de sus padres, es probable que todos conozcamos a algunos que tristemente siguieron los malos ejemplos de sus padres.

Piense durante un momento en su padre y en los patrones que usted espera repetir y aquellos que espera dejar atrás. Cuando se trata de criar hijos muchos de nosotros, nos guste o no, repetimos los mismos patrones de nuestros padres. En muchos casos eso es excelente, en otros casos no lo es. Sería bueno que al criar a nuestros hijos nos preguntáramos qué características nos emocionaría ver inculcadas en nuestros futuros nietos. Y si hay cosas que hacemos, que no nos gustaría ver en nuestros hijos, entonces deberíamos cambiar nuestro rumbo.

Tal vez los problemas yacen en esperar que esos patrones surjan de forma natural, como si el destino tuviera algo que ver. Y no en seguir a Cristo y modelarlo en nuestros hogares. Dejar un legado comienza por mirar atrás y luego establecer un plan claro para entonces seguir adelante.

Billy Graham carga a su hijo Franklin

Lo que aprendemos con mucha naturalidad al crecer puede convertirse en un patrón de conducta saludable o dañina en nuestras vidas adultas. Se necesita valor para tomar un camino diferente. Se necesita valor para romper los ciclos. Se necesita valor para escoger y dejar un legado que seguirá siendo importante durante muchas generaciones futuras.

FRAGMENTO DE LA PELÍCULA

Vea el fragmento No. 3, "Parrillada /¿Cómo era tu papá?" (2.40), que aparece en el DVD para grupos pequeños y después utilice los comentarios para comenzar el estudio.

RESUMEN

En esta escena Adam y los demás están haciendo lo que hacen los hombres, ¡una parrillada! Como padre, Adam está enfrentando desafíos muy específicos y está buscando sabiduría para ser un mejor papá. En esa tarde de ocio la conversación da un giro más serio cuando todos hablan de las relaciones que tuvieron con sus padres.

DISCUSIÓN ABIERTA

Todos tenemos historias con los papás, tanto buenas como malas. Los hombres en el video contaron las suyas. Use unos momentos para contar su propia historia de su relación con su papá.

1 ¿Qué impacto ha tenido en usted la presencia o ausencia de su padre? ¿Cómo ha influido él en su fe, en su familia y en las decisiones que toma en la vida?

(Nathan menciona el profundo efecto que tuvo la ausencia de su padre en su vida y también la influencia positiva de otro hombre que dio el paso para llenar ese vacío. Si usted perdió a su papá siendo joven, describa los efectos de la pérdida pero también siéntase libre de hablar/escribir sobre su padrastro u otra figura paterna en su vida.)

2 Como parte del ejercicio de la historia con su papá, identifique con cuál de los cuatro hombres del fragmento se identifica mejor (haga un círculo o márquelo).

¿Nathan? su padre estaba ausente pero tenía un mentor positivo.

¿Shane? su padre no hacía lo que decía.

¿David? su padre se marchó después de ser infiel a su esposa y el hogar nunca volvió a ser el mismo.

¿Adam? tuvo un buen padre que no cometió errores que valga la pena mencionar.

3 Tomen tiempo como grupo para hablar entre sí de las historias de sus padres. ¿Cómo las decisiones de su padre han marcado su vida? Trate de ser tan sincero y transparente como sea posible.

4 ¿Qué elementos positivos de su familia de origen está tratando de mantener en su propia familia?

5 ¿Con qué elementos negativos de su familia de origen lucha usted para romper el ciclo?

Estudie

Gran parte del libro de Josué trata acerca de los territorios de las tribus. Cada uno de los clanes que llevaban los nombres de los hijos de Jacob heredaron porciones de la tierra prometida. De allí se expulsaron a naciones violentas llenas de idolatría pagana, sacrificios de niños e inmoralidad interminable y fueron reemplazados por el pueblo de Dios. Las promesas que Dios hizo mucho tiempo antes, en Génesis 12, se cumplieron en la vida del Israel de Josué. Para el Israel del Antiguo Testamento el legado de sus antepasados venía combinado con la promesa de una tierra.

Josué, según Josué 23, ya era un anciano y pronunció un discurso final al pueblo de Dios. Su vida y su liderazgo dejaron un legado poderoso y las palabras de su despedida dieron fuerza a la huella que él dejó. Lea atentamente este relato.

JOSUÉ 23.1-10

1   Aconteció, muchos días después que Jehová diera reposo a Israel de todos sus enemigos alrededor, que Josué, siendo ya viejo y avanzado en años,

2   llamó a todo Israel, a sus ancianos, sus príncipes, sus jueces y sus oficiales, y les dijo: Yo ya soy viejo y avanzado en años.

3   Y vosotros habéis visto todo lo que Jehová vuestro Dios ha hecho con todas estas naciones por vuestra causa; porque Jehová vuestro Dios es quien ha peleado por vosotros.

4   He aquí os he repartido por suerte, en herencia para vuestras tribus, estas naciones, así las destruidas como las que quedan, desde el Jordán hasta el Mar Grande, hacia donde se pone el sol.

5   Y Jehová vuestro Dios las echará de delante de vosotros, y las arrojará de vuestra presencia; y vosotros poseeréis sus tierras, como Jehová vuestro Dios os ha dicho.

6   Esforzaos, pues, mucho en guardar y hacer todo lo que está escrito en el libro de la ley de Moisés, sin apartaros de ello ni a diestra ni a siniestra;

7   para que no os mezcléis con estas naciones que han quedado con vosotros, ni hagáis mención ni juréis por el nombre de sus dioses, ni los sirváis, ni os inclinéis a ellos.

8 Mas a Jehová vuestro Dios seguiréis, como habéis hecho hasta hoy.

9 Pues ha arrojado Jehová delante de vosotros grandes y fuertes naciones, y hasta hoy nadie ha podido resistir delante de vuestro rostro.

10 Un varón de vosotros perseguirá a mil; porque Jehová vuestro Dios es quien pelea por vosotros, como él os dijo.

¿Qué palabras de este pasaje le parecen conocidas? (Referencia: Josué 1.)

¿Cómo había logrado Dios lo que le prometió a Israel (v. 10)?

Lea Josué 23.11-13.

¿Cómo esta advertencia ya había sido una realidad para el pueblo de Dios? (Referencia Josué 7.) Continúe con el discurso de despedida de Josué.

JOSUÉ 23.14-16

14 Y he aquí que yo estoy para entrar hoy por el camino de toda la tierra; reconoced, pues, con todo vuestro corazón y con toda vuestra alma, que no ha faltado una palabra de todas las buenas palabras que Jehová vuestro Dios había dicho de vosotros; todas os han acontecido, no ha faltado ninguna de ellas.

15 Pero así como ha venido sobre vosotros toda palabra buena que Jehová vuestro Dios os había dicho, también traerá Jehová sobre vosotros toda palabra mala, hasta destruiros de sobre la buena tierra que Jehová vuestro Dios os ha dado,

16 si traspasareis el pacto de Jehová vuestro Dios que él os ha mandado, yendo y honrando a dioses ajenos, e inclinándoos a ellos. Entonces la ira de Jehová se encenderá contra vosotros, y pereceréis prontamente de esta buena tierra que él os ha dado.

Según el versículo 14, ¿qué le recordó Josué al pueblo?

De acuerdo a los versículos 15 y 16, ¿qué le advirtió Josué al pueblo?

Aplicación

Josué usó su último discurso para recordarle al pueblo la fidelidad de Dios y para advertirle acerca de la reacción de Dios ante su infidelidad. Un buen legado de fe recuerda y advierte a las generaciones futuras. Ya sea un buen ejemplo con recompensas o un mal ejemplo con consecuencias podemos aprender mucho de quienes nos precedieron.

Basados en esto, ¿quién ha dejado el mejor legado de fe en su vida?

¿Cómo la vida y las palabras de esa persona son tanto un recordatorio como una advertencia para usted y su fe?

Considere el impacto que su padre biológico ha tenido en su vida. Ya sea con su ausencia o con su presencia él ha dejado una huella considerable.

Antes de que pueda dejar un legado positivo a la próxima generación de su familia, tiene que analizar y lidiar con el legado dejado en su vida.

Aunque ninguno de nuestros padres terrenales son perfectos, algunos de ellos han mostrado a Cristo con sus palabras y acciones y han hecho increíbles inversiones espirituales en nuestras vidas. Sin embargo, muchos llevan cicatrices profundas por un padre que se fue o un padre que aunque estuvo presente produjo mucho dolor y ansiedad con sus acciones.

Si el legado de su padre fue positivo pase a la *Parte A* antes de ir al *Resumen* de la sección. Si el legado de su padre fue mayormente negativo pase a la *Parte B* y luego concluya con el *Resumen*. Primero, vea un fragmento que destaca algunas experiencias contemporáneas con relación a fomentar un legado.

PARTE A: Si su padre dejó en su vida un legado espiritual valedero escriba las lecciones y advertencias más importantes que él transmitió a su vida. Estas son ofrendas que usted querrá dejar en su propio legado.

Si su padre esta vivo, comprométase esta semana a comunicarse con su papá y expresarle su gratitud por su legado fiel. Menciónele los detalles específicos de la inversión que él hizo en su vida y dígale cómo cada una de esas cosas siguen influyendo en su andar con Cristo y el liderazgo en su familia.

Si su papá falleció considere escribir una oración de gracias a Dios por su papá. Guárdela en su Biblia como un recordatorio del favor de Dios en su vida y para invertir de la misma manera en las vidas de otras personas.

PARTE B: Si su padre dejó tras sí un cúmulo de dolor seguir adelante implicará sanidad y salud. Ambas cosas requieren perdón.

En la película *Valientes* Nathan aprende a resolver las heridas que dejó su padre y a perdonarlo. Este es un paso vital para romper con las cadenas del pasado y seguir adelante. La sanidad no comienza hasta que el perdón se ha producido (Mr. 11.25). El perdón nos permite entregar a Dios toda la ira y el dolor para que Él pueda ser el juez y para lidiar con aquellos que nos han herido (Ro.12.17-19).

Si está listo para librarse de cualquier amargura con respecto a su padre escriba una declaración del dolor que causaron sus acciones pasadas. Luego prosiga con su propia declaración para ser como Jesús y concédale perdón absoluto a su papá. Ore y dígale a Dios que ha decidido perdonar a su padre.

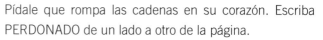

Pídale que rompa las cadenas en su corazón. Escriba PERDONADO de un lado a otro de la página.

Por último, si se siente libre para hacerlo, considere comunicarse con su papá y exprese su deseo de comenzar a reconstruir su relación. Pídale perdón si en el pasado usted también le hirió. Si su papá ya no vive considere escribirle una carta de perdón. Guárdela como un recordatorio del poder sanador de Dios en su vida y para romper los ciclos del pecado en su futura familia.

Resumen

Antes de que podamos escoger el legado que dejaremos a otros tenemos que considerar el que nos dejaron a nosotros. Si perdonamos y aprendemos de sus vidas podremos seguir adelante con más fuerza. Tal vez usted haya comenzado su inversión espiritual sobre un terreno inestable. Mientras tenga vida y respire puede cambiar el impacto que pueda tener. Incluso, si recibió un mal legado de su padre terrenal, puede aferrarse a un legado de fe perfecta recibido de su Padre celestial quien, según Josué 23.14, ha cumplido cada una de las promesas que hizo.

Para los padres

Considere el legado que quiere dejar a sus hijos. Considere el legado que su vida ya está dejando por las cosas que dice y hace y por la manera en que representa a Dios en hechos y en palabra. Pídale a Dios que le ayude a identificar esas cosas que está haciendo bien y aquellas en las que necesita mejorar por su bien y por el bien de las generaciones futuras.

Mi legado positivo:
1.
2.
3.

Mi compromiso a cambiar:
1.
2.
3.

Ahora pida en oración el valor necesario para dejar audazmente un legado de fe en su familia. El mayor impacto que tendrá en sus hijos será la manera en que ame a Dios y a su cónyuge.

El rumbo que tomen sus hijos en sus noviazgos, matrimonio, profesión, servicio, liderazgo, fidelidad a Dios y a su iglesia, y luego, durante la *crianza* de sus propios hijos, será un reflejo directo de usted y de las huellas que dejará en sus vidas.

Si eso le parece aterrador es porque así lo es. Es una responsabilidad increíble, ¡y se necesita valor para hacerlo con éxito! ¡Sea fuerte y valiente!

UNA FE VALIENTE

Se necesita **VALOR** para permanecer en **CRISTO.**

El nombre Steve Saint se hizo famoso hace unos años atrás. Steve es el hijo de Nate Saint, el piloto misionero que en 1956 murió junto a Jim Elliot y otros tres misioneros a manos de una tribu Huaorani (conocida como Auca) en Ecuador. A los nueve años Steve regresó al territorio Huaorani por primera

Steve Saint con Mincaye

vez. Cuando era un jovencito él comenzó una amistad duradera con Mincaye, uno de los hombres que mató a su padre. "Lo que los Huaorani quisieron usar para mal, Dios lo usó para bien", dice Steve.[1]

Las historias de Elisabeth Elliot y Rachel Saint siempre se han asociado con el perdón. ¿Qué mejor imagen de gracia y misericordia que la de una viuda misionera y una hermana que regresan y comparten las buenas nuevas a aquellos que asesinaron a sus familiares? Es probable que no haya mejor ilustración acerca del perdón que la relación que se forjó entre un hijo y el indígena que mató a su papá. Aquí vemos ilustrado vívidamente el evangelio de Jesús que cambia vidas y que Jim, Nate y los demás misioneros decidieron proclamar. Jim Elliot escribió en su diario: "No es tonto aquel que da lo que no puede conservar para ganar lo que no puede perder".[2]

El apóstol Pablo escribió en su carta a los filipenses: "conforme a mi anhelo y esperanza de que en nada seré avergonzado; antes bien con toda confianza, como siempre, ahora también será magnificado Cristo en mi cuerpo, o por vida o por muerte. Porque para mí el vivir es Cristo, y el morir es ganancia" (Filipenses 1.20-21). Cuando uno decide permanecer en Jesús, hay mucho en juego. El asunto no es lo que uno pierde por permanecer en Él sino lo que perderá si no lo hace.

FRAGMENTO DE LA PELÍCULA

Vea el fragmento No. 4 "Presentación del evangelio en el campo de tiro" (3:40), que aparece en el DVD para grupos pequeños y después utilice los comentarios para comenzar el estudio.

RESUMEN

En esta escena David, un compañero novato de Nathan, pregunta acerca de la importancia de los padres y Nathan busca una oportunidad para hablarle de su fe. Nathan se percata de que las preocupaciones de David van más allá de lo que indica la pregunta y le cuenta una historia que ayuda al joven oficial a comprender la gracia salvadora de Cristo. Al reconocer su propio pecado y su culpa, David admite que está cansado de sentirse culpable.

Nathan habla del evangelio y David responde. ¿Qué hará David con este nuevo conocimiento?

DISCUSIÓN ABIERTA

Ya sea que esté relacionado con el temor a la muerte, el temor a la controversia, el temor al fracaso o algún otro temor, cuando se trata de exponer el evangelio activamente, consideramos que el valor es un prerrequisito.

1 Tome tiempo para contar su historia de fe. ¿Quién lo llevó a Jesús?

2 Ahora piense en aquellos con quienes nunca ha hablado acerca de cómo tener una relación con Cristo. ¿Qué está en riesgo si ellos nunca escuchan el evangelio?

3 ¿Cuál fue su primera reacción al escuchar cómo Nathan abrió la puerta y le presentó el evangelio a David? ¿Qué le pareció natural? ¿Qué le pareció difícil?

4 Nathan no creó una oportunidad para hablar de Cristo sino que la aprovechó. ¿Cómo equilibró Nathan la verdad con la bondad al hablar con David?

¿Qué oportunidades cotidianas tiene para comenzar a hablar de Cristo?

5 ¿Con cuánta intensidad busca hablar de Cristo con sus hijos (de acuerdo a su edad)? ¿O está confiando en que la iglesia lo haga por usted?

6 La Palabra de Dios ordena que los padres guíen y enseñen a sus hijos en el sentido espiritual (Deuteronomio 6.1-7). ¿Cuán abiertamente trata los asuntos espirituales en su hogar?

"... santificad a Dios el Señor en vuestros corazones, y estad siempre preparados para presentar defensa con mansedumbre y reverencia ante todo el que os demande razón de la esperanza que hay en vosotros".

1 Pedro 3.15

Estudie

El capítulo final de Josué es una continuación del discurso del líder que comenzó en el capítulo 23. Contiene uno de los versículos a los que más referencia se hace en cuanto a la familia (Josué 24.15) y prepara la historia de Israel según se relata en el libro de Jueces.

Mientras que Moisés sacó al pueblo de Egipto, gracias al poder de Dios, Josué los llevó a Canaán. Ambos líderes soportaron etapas difíciles vagando por el desierto y al final Josué, valientemente, reclamó el premio prometido a Abraham, Isaac y Jacob.

JOSUÉ 24.1-13

1   Reunió Josué a todas las tribus de Israel en Siquem, y llamó a los ancianos de Israel, sus príncipes, sus jueces y sus oficiales; y se presentaron delante de Dios.

2   Y dijo Josué a todo el pueblo: Así dice Jehová, Dios de Israel: Vuestros padres habitaron antiguamente al otro lado del río, esto es, Taré, padre de Abraham y de Nacor; y servían a dioses extraños.

3   Y yo tomé a vuestro padre Abraham del otro lado del río, y lo traje por toda la tierra de Canaán, y aumenté su descendencia, y le di Isaac.

4   A Isaac di Jacob y Esaú. Y a Esaú di el monte de Seir, para que lo poseyese; pero Jacob y sus hijos descendieron a Egipto.

5   'Y yo envié a Moisés y a Aarón, y herí a Egipto, conforme a lo que hice en medio de él, y después os saqué.

6   Saqué a vuestros padres de Egipto; y cuando llegaron al mar, los egipcios siguieron a vuestros padres hasta el Mar Rojo con carros y caballería.

7   Y cuando ellos clamaron a Jehová, él puso oscuridad entre vosotros y los egipcios, e hizo venir sobre ellos el mar, el cual los cubrió; y vuestros ojos vieron lo que hice en Egipto. Después estuvisteis muchos días en el desierto.

8 Yo os introduje en la tierra de los amorreos, que habitaban al otro lado del Jordán, los cuales pelearon contra vosotros; mas yo los entregué en vuestras manos, y poseísteis su tierra, y los destruí de delante de vosotros.

9 Después se levantó Balac hijo de Zipor, rey de los moabitas, y peleó contra Israel; y envió a llamar a Balaam hijo de Beor, para que os maldijese.

10 Mas yo no quise escuchar a Balaam, por lo cual os bendijo repetidamente, y os libré de sus manos.

11 Pasasteis el Jordán, y vinisteis a Jericó, y los moradores de Jericó pelearon contra vosotros: los amorreos, ferezeos, cananeos, heteos, gergeseos, heveos y jebuseos, y yo los entregué en vuestras manos.

12 Y envié delante de vosotros tábanos, los cuales los arrojaron de delante de vosotros, esto es, a los dos reyes de los amorreos; no con tu espada, ni con tu arco.

13 Y os di la tierra por la cual nada trabajasteis, y las ciudades que no edificasteis, en las cuales moráis; y de las viñas y olivares que no plantasteis, coméis.

En este pasaje, ¿qué dijo Dios sobre sí mismo a su pueblo?

¿Por qué es importante que periódicamente repasemos la historia de la obra de Dios en nuestras vidas?

¿Qué actividad específica de Dios en la vida de su pueblo desde Abraham hasta Josué le resulta particularmente emocionante? ¿Qué parte de la historia de Israel le habla más y por qué?

JOSUÉ 24.14-15

14 Ahora, pues, temed a Jehová, y servidle con integridad y en verdad; y quitad de entre vosotros los dioses a los cuales sirvieron vuestros padres al otro lado del río, y en Egipto; y servid a Jehová.

15 Y si mal os parece servir a Jehová, escogeos hoy a quién sirváis; si a los dioses a quienes sirvieron vuestros padres, cuando estuvieron al otro lado del río, o a los dioses de los amorreos en cuya tierra habitáis; pero yo y mi casa serviremos a Jehová.

¿Qué dicen las palabras finales de Josué acerca del liderazgo en su propio hogar?

¿Por qué era importante que Josué hablara en nombre de toda su familia?

Luego de saber lo que ya sabe de Josué, ¿cree usted que él hubiera cumplido con su compromiso aunque fuera el único? ¿Y usted?

JOSUÉ 24.16-18

16 Entonces el pueblo respondió y dijo: Nunca tal acontezca, que dejemos a Jehová para servir a otros dioses;

17 porque Jehová nuestro Dios es el que nos sacó a nosotros y a nuestros padres de la tierra de Egipto, de la casa de servidumbre; el que ha hecho estas grandes señales, y nos ha guardado por todo el camino por donde hemos andado, y en todos los pueblos por entre los cuales pasamos.

18 Y Jehová arrojó de delante de nosotros a todos los pueblos, y al amorreo que habitaba en la tierra; nosotros, pues, también serviremos a Jehová, porque él es nuestro Dios.

¿Cómo respondió el pueblo al llamado de Josué?

¿Cómo el hecho de que Josué volviera a contar la historia acerca de la fidelidad de Dios afectaba la manera en que el pueblo pensaba y reaccionaba?

Cientos de años después Esteban, en su discurso a los judíos helenistas en Hechos 7, usó el mismo método para hablar de su fe al volver a contar la historia de Israel desde Abraham hasta Salomón. Esteban desafió las creencias de ellos en el templo terrenal por amor al templo de Cristo y proclamó a Jesús como el cumplimiento de la promesa de Dios. Esteban entregó su vida por Cristo, lo apedrearon por su fe valiente y así se convirtió en el primer mártir cristiano. El evangelio del que él habló no solo influyó en la gente de su tiempo sino que se diseminó por el mundo entero.

Al volver a hablar de la fidelidad de Dios a través de la historia y de nuestras propias vidas podemos crear un fuerte argumento "apologético" del evangelio para que los perdidos lo escuchen. La apologética es una rama de la teología cuyo objetivo es defender a Dios y la fe de uno en Cristo. Proviene de la palabra griega apología que significa presentar una defensa verbal de la opinión de uno contra un ataque. Es la palabra que se traduce como "defensa" en 1 Pedro 3.15 (p. 45).

Nuestra respuesta a que Jesucristo es el Señor de nuestras vidas es hablar de quién es Él y lo que ha hecho. El argumento apologético a menudo implica un enfoque narrativo para hablar de la fe. El apóstol Pablo usó este enfoque al volver a contar toda la historia de cómo Cristo le cambió la vida y lo llamó a la salvación.

¿Cuál fue la importancia de que Josué o Esteban hicieran un relato histórico de la fidelidad de Dios que se remontaba hasta Abraham?

¿Cuánta importancia tiene toda esta historia de la fe cuando se trata de hablar valientemente de nuestra fe?

¿Qué ventajas ve en usar un enfoque narrativo al hablar de Cristo a otros?

Regrese a la primera parte de 1 Pedro 3.15. ¿Cómo honrar en su corazón a Cristo como Señor puede ser una buena preparación para que Dios le convierta en su testigo?

Aplicación

Piense en el Dios del universo y en el juicio que Él pronunció en contra del pecado. Considere su amor y cómo Él creó una alternativa para semejante castigo mediante la muerte de su propio hijo, Jesús.

Josué argumentó lo mismo. El pueblo era esclavo en Egipto pero Dios les mandó un salvador. Dios bendijo a los israelitas del Antiguo Testamento al darles la tierra que les había prometido. Y nos bendice al ofrecernos la promesa de vida eterna si nos arrepentimos de nuestros pecados y ponemos toda nuestra fe en su hijo Jesús.

Si usted no ha resuelto esto todavía, como dice Nathan: "¿Qué se lo impide?" Decida confiar en Cristo hoy. La página 53 le ofrece pasos sencillos para confiar en Cristo. Vaya ahora a esa página.

Si ya ha confiado en Cristo para la eternidad, ¿qué le impide buscar oportunidades para hablar valientemente a otros de la esperanza que tiene?

Resumen

Necesitamos tener la plenitud del Espíritu Santo obrando en nuestras

vidas para ver las oportunidades de hablar de Cristo que se nos presentan día a día. También se necesita valor para actuar y aprovechar esas oportunidades a medida que lleguen.

Podemos compartir mejor acerca de Jesús con aquellos con quienes ya tenemos una relación. Nathan y David ya eran amigos y compañeros de trabajo. Después de la decisión de David serían hermanos en Cristo para toda la vida.

Escriba los nombres de tres personas con quienes se relaciona y a quienes esta semana les va a hablar de la esperanza que usted tiene en Jesús.

1.
2.
3.

Mientras espera el momento apropiado, ore: "Padre celestial, gracias por aquellos que envías a mi vida para hablarles de cómo tener una relación contigo por medio de Jesús. Por favor, hazme un ganador de almas eficiente y prepárame con el evangelio de la paz para también poder hablar con valentía de las buenas nuevas. En el nombre de tu Hijo Jesucristo, amén".

Esté preparado, para hablar de Cristo. Ore confiadamente y pídale a Dios que le abra puertas. Compórtese con sabiduría cuando esté con no creyentes y ajuste su discurso a cada situación (Col. 4.2-3).

Para los padres

Josué necesitó valor para permanecer con Dios a pesar de la maldad del pueblo y hoy se necesita valor para permanecer en Cristo. Existen muchas creencias y religiones y Jesús dijo que si permanecemos con Él el mundo nos rechazará. Pero si somos testigos fuertes de Cristo no solo honraremos a Dios sino que traeremos a la salvación a los perdidos.

¿De qué manera necesita su familia adoptar una postura firme, sin disculpas, con relación a Cristo? Podría ser tan sencillo como hacer de la asistencia a la iglesia una prioridad por encima de los deportes. Podría ser tan profunda y difícil como hablar abiertamente de Cristo con una familia del vecindario que es contraria a su fe.

Si usted es una mamá o papá de niños mayores pregúntese si les ha dado un buen ejemplo al poner a Cristo antes que a sus hijos. Si no, ¿habrá llegado la hora de dar un paso y permanecer firme junto a Cristo en sus conversaciones? Esto pudiera implicar que usted reconozca su parte al permitir que otras cosas impidan que Cristo sea lo primero en su hogar. Ore para tener valor al hablar con sus hijos de la esperanza que ha encontrado en Jesús.

Tal vez como mamá o papá de hijos pequeños esté estableciendo un cimiento de fe para que un día sus hijos escojan a Cristo. Satanás no quiere que tenga éxito. Y es probable que ya esté experimentando los ataques de un mundo que pondrá obstáculos a su decisión. Hoy, valientemente, renueve su compromiso. En cuanto a usted y a su familia, decidan adorar y servir al Señor.

Es posible que su familia necesite hablar con ahínco acerca de Cristo a otros familiares y amigos íntimos. Identifique hoy mismo quiénes necesitan ver y escuchar el evangelio de parte de usted y de su familia. Especifique a qué personas invitará a la iglesia esta semana. Esté dispuesto a ayudar a sus hijos a hacer lo mismo aunque eso implique salirse de su camino para recoger a sus amigos. Esta semana tome tiempo para guiar a su familia a conversar acerca de hablar con otros de la fe. Hable de esto a diario. Como familia decidan a qué personas les gustaría hablarles y oren por cada persona. Escriban sus nombres y oren pidiendo oportunidades para que cada miembro de su familia permanezca valientemente con Jesús y hable con otros acerca de Él.

En el fragmento que vimos de *Valientes*, Nathan presentó su caso y le preguntó a David: "¿Qué te impide resolver esto hoy?" Las escrituras nos cuentan cómo Josué expuso sus argumentos a favor de Dios y llamó al pueblo a escoger a quién adorarían basado en la reputación de Dios. Entonces Josué dijo que él y su familia adorarían al Señor.

Después de todo lo que Cristo hizo por nosotros, ¿quién escogería otra cosa?

1. "Steve Saint: The Legacy of the Martyrs" [Steve Saint: Online, sin fecha, visitado el 5 de diciembre de 2011]. En Internet: http://www.cbn.com/700club/Guests/Bios/steve_saint010305.aspx
2. Cita de Jim Elliot, Online, 2008, visitado el 5 de diciembre de 2011. En Internet: http://www.wheaton.edu/bgc/archives/faq/20.htm

Apéndices
Una vida nueva

La Biblia nos dice que nuestros corazones tienden a huir de Dios y rebelarse contra Él. La Biblia le llama a esto "pecado". Romanos 3.23 dice: "*por cuanto todos pecaron, y están destituidos de la gloria de Dios*". Cada mentira, cada respuesta amarga, cada actitud egoísta y cada pensamiento lujurioso nos separan de Dios. Y todos merecemos su juicio.

A pesar de que usted merece el juicio de Dios, Él le ama y quiere salvarle del pecado y ofrecerle una nueva vida de esperanza. Juan 10.10 dice: "*yo [Jesús] he venido para que tengan vida, y para que la tengan en abundancia*". Para darle el regalo de la salvación Dios buscó una vía a través de su hijo, Jesús. Romanos 5.8 nos dice: "*Mas Dios muestra su amor para con nosotros, en que siendo aún pecadores, Cristo murió por nosotros*". Usted recibe este regalo solo por fe. Efesios 2.8 dice: "*Porque por gracia sois salvos por medio de la fe; y esto no de vosotros, pues es don de Dios*".

La fe es una decisión del corazón que las acciones de su vida demuestran. Romanos 10.9 dice: "*que si confesares con tu boca que Jesús es el Señor, y creyeres en tu corazón que Dios le levantó de los muertos, serás salvo*". La Biblia nos manda a arrepentirnos y creer en el Señor Jesucristo para ser salvos. Si ahora mismo usted escoge creer que Jesús murió por sus pecados y recibir una nueva vida a través de Él, considere hacer una oración como esta:

"Amante Dios, te confieso que soy un pecador y que mi pecado me separa de ti. Creo que Jesús murió para perdonar mis pecados. Acepto tu oferta de vida eterna. Gracias por perdonar mis pecados y darme una nueva vida. A partir de ahora escojo seguirte".

Si usted hizo esa oración hable de su decisión con algún amigo cristiano o con un pastor. Si todavía no está asistiendo a una iglesia busque una en la que se predique la Biblia y le ayuden a adorar y a crecer en su fe. Para seguir el ejemplo de Cristo pida ser bautizado por inmersión como una expresión pública de su fe.

El qué, quién, cómo y por qué de rendir cuentas

Nic Allen

Busque en Google™ la frase "rendir cuentas". Es probable que los diez primeros resultados incluyan artículos o sitios que hablen de la responsabilidad fiscal, la integridad empresarial y la confiabilidad de un producto. La responsabilidad personal de un seguidor de Cristo es algo similar y al mismo tiempo completamente diferente. Aunque las escrituras no mencionan explícitamente la obligación de dar cuentas, su urgencia está implícita en algunos pasajes que describen a una comunidad cristiana exitosa. Entonces, ¿qué es exactamente rendir cuentas? ¿Cómo lo hacemos? ¿A quién debemos rendir cuentas y por qué?

El qué

Un día todos estaremos delante de Dios para rendir cuentas por lo que somos y por cómo hemos vivido. En varios pasajes la Biblia se refiere al trono del juicio de Dios. Confiar en Cristo para la salvación será lo único que importe cuando nos encontremos con nuestro Creador.

Llegar a ser cristiano al creer en Cristo es muy fácil. Pero cuando se trata de seguirle a menudo tambaleamos. Rendir cuentas es una herramienta para discipularnos que funciona dentro de una relación. Es un amigo que ayuda a otro a vivir para Cristo y le exige que cumpla con una norma de fe y viceversa.

El quién

Para tener unas relaciones exitosas de rendición de cuenta se pueden identificar varios puntos fundamentales.

1. Fe. Ambas partes deben ser personas que tienen su fe depositada en Cristo. Aunque también es importante desarrollar relaciones con los que no son creyentes es mejor rendir cuentas a una persona creyente.

2. Homogeneidad. Ambas partes deben ser del mismo sexo. Existe una diferencia muy grande en la manera en la que hombres y mujeres se comunican y se relacionan con el mundo. Los hombres y las mujeres luchan con diferentes tentaciones y presiones.

Establecer una relación de rendición de cuentas con un miembro del sexo opuesto (aparte de la persona con la que está casado) podría llevar a un nivel de intimidad que da lugar a la atracción física. Eso es una tentación peligrosa. Aunque sin duda existe un llamado a rendir cuentas en la relación matrimonial, cada cónyuge también debe buscar ser responsable ante un amigo del mismo sexo para atravesar juntos los desafíos de la vida y mantener la fidelidad en su matrimonio.

3. Lucha compartida. Tal vez tenga sentido buscar a alguien que le pida cuentas en cuanto a aspectos con los que usted lucha, pero para otros no. Para ayudarle a acatar esa disciplina, ¿quién mejor que alguien que lucha con lo mismo? Cuando su compañero de rendición de cuentas lucha con lo mismo que usted es muy probable que entienda la tentación y conozca íntimamente los signos de debilidad y el peso de las consecuencias. La lucha compartida puede ser un incentivo compartido.

El éxito de los programas de 12 pasos se debe en parte a las relaciones de apadrinamiento. Los padrinos pueden ser personas que ya han avanzado más en el programa pero siempre comprenden la lucha por experiencia propia. ¿Quién mejor para pedirle cuentas sobre la lectura diaria de la Biblia que alguien que también necesita que le pregunten sobre su tiempo personal con Dios? ¿Quién mejor para pedir cuentas a alguien que lucha con la moralidad que una persona que conoce de primera mano los peligros del pecado?

El por qué

Recordamos muchos mandamientos e ilustraciones bíblicas al pensar en nuestra necesidad de tener relaciones en las que rindamos cuentas. Pero ninguno es tan evidente como la sabiduría de Salomón y la de Santiago.

"Mejores son dos que uno; porque tienen mejor paga de su trabajo. Porque si cayeren, el uno levantará a su compañero; pero ¡ay del solo! que cuando cayere, no habrá segundo que lo levante. También si dos durmieren juntos, se calentarán mutuamente; mas ¿cómo se calentará uno solo? Y si alguno prevaleciere contra uno, dos le resistirán; y cordón de tres dobleces no se rompe pronto".—**Eclesiastés 4.9-12**

"Confesaos vuestras ofensas unos a otros, y orad unos por otros, para que seáis sanados. La oración eficaz del justo puede mucho".—**Santiago 5.16**

El cómo

Entonces, ¿cómo rinde cuentas usted? A continuación les mostraremos algunos pasos para que pueda iniciarse por el camino exitoso a una rendición de cuentas saludables.

1. Identifique una persona a quien rendirle cuentas. Ambos deben estar de acuerdo en ser honestos con respecto a las luchas y a llevar la carga de sostener al otro.

2. Seleccione la frecuencia y la metodología de su relación de rendición de cuentas. Decida si se reunirán semanalmente cara a cara o si tendrán varias citas telefónicas. Escoja un método para la comunicación.

3. Pónganse de acuerdo en la honestidad y la confidencia. Ambas partes deben acordar ser honestas y mantener absoluta confidencia respecto a lo que se ha hablado para fomentar y mantener la confianza.

4. Oren el uno por el otro. Santiago dijo que la confesión es solo parte del proceso. La otra mitad es la oración, el medio más poderoso para el cristiano fiel.

5. Alentarse el uno al otro para seguir a Cristo. El escritor de Hebreos nos motiva a no dejar de congregarnos con otros creyentes (He.10.25) sino que quiere animarnos unos a otros al amor y a las buenas obras. Rendir cuentas no es solo acerca de aquello de lo que nos debemos abstener. Sino que también es acerca de los valores que tratamos de incorporar a nuestra vida cristiana.

Si se hace bien y se le da el lugar adecuado en nuestras vidas el rendir cuentas puede ser la relación recíproca más beneficiosa de nuestra vida. Cualquier relación de pacto en la que las personas sean honestas sobre el pecado y se comprometan a orar está destinada a disfrutar del favor de Dios y el éxito de cada día seguir mejor a Cristo.

Notas para el líder

Consejos breves para los grupos pequeños

1. Comparta la responsabilidad.
Como líder siempre existe la tentación de hacerlo todo usted mismo pero eso lleva rápidamente a la frustración. Su enfoque principal es preparar la lección por adelantado y dar prioridad a los aspectos más importantes durante los comentarios del grupo. Reparta las tareas como llevar la asistencia, dar seguimiento a las peticiones de oración y buscar personas que traigan un refrigerio en determinada fecha. En las reuniones de grupo pida que diferentes alumnos lean las escrituras y las secciones del libro y que dirijan los comentarios.

2. Haga del grupo un lugar seguro.
Cada semana recuerde a su grupo la delicadeza de los temas que se tocan en un estudio bíblico pequeño. Mantenga presente la confidencia y el respeto.

3. Dé el ejemplo.
Como líder usted establece el ritmo del grupo. Su disposición a hablar y ser honesto tendrá un impacto directo en la disposición de los demás para hacer lo mismo. Su preparación por adelantado y su compromiso de comenzar y terminar a tiempo también influirán en el rumbo del grupo. Su deseo de mantenerse enfocado y no desviarse indicará lo qué es o no adecuado en cuanto a la dinámica del grupo.

4. Siéntase cómodo con los momentos de silencio y las preguntas no contestadas.
A menudo el silencio crea incomodidad para un líder que pudiera sentir la presión de llenar ese silencio hablando más. No se preocupe por las pausas largas. A veces eso solo es un indicio de que la pregunta ha provocado que se piense más.

Algunas personas pudieran hablar de desafíos difíciles en la vida. A menudo lo que más buscan no son respuestas sino alguien que los escuche. Sea sensible pero dirija las conversaciones de manera que no pierdan el enfoque. A veces basta con reconocer lo difícil de la situación y la necesidad de buscar al Señor cuando las respuestas no están claras.

5. Ore por los miembros de su grupo.

Oswald Chambers dijo: "La oración no nos prepara para el trabajo más grande, la oración es el trabajo más grande".[1] La forma en que se comprometa a orar por su grupo es mucho más valiosa que la forma en que dirija a su grupo. De hecho, cuán bien lo haga será un reflejo directo de cuán bien ore por las personas de su grupo.

Ore por las personas que Dios ha puesto en sus manos para que:
- tengan ojos que estén abiertos para ver a Dios actuar.
- tengan oídos que escuchen la Palabra y se comprometan a hacer lo que dice.
- se arrepientan de manera genuina del pecado, a medida que el Espíritu Santo les convenza mediante la Palabra de Dios.
- crezcan espiritualmente y desarrollen un íntimo andar diario con el Señor.
- tomen decisiones sabias.
- se comprometan con el estudio en grupo.
- vivan vidas íntedras en sus hogares, comunidades y lugares de trabajo
- guíen bien a sus hijos.
- se comprometan con sus cónyuges.
- confíen en Cristo en cualquier circunstancia de la vida
- sean libres de la tentación y de los ataques del enemigo
- se pongan toda la armadura de Dios como su defensa y tomen la ofensiva en las batallas espirituales que enfrenten
- amen a Dios sobre todo y también a los demás

Actividades para romper el hielo

Mi historia

Pida a los alumnos que cuenten acerca de un momento significativo en sus vidas basándose en ideas de esta lista. Si tiene parejas en su grupo tal vez pueda pedirles que cuenten la historia de cómo se conocieron y se casaron.

¿Con quién está casado? ¿Cómo se conocieron?

¿A qué se dedica? ¿Cómo escogió esa profesión?

¿Cómo se llaman sus hijos? ¿Cómo y por qué escogió esos nombres?

¿De dónde es? ¿Cómo y por qué usted o su familia se mudaron a este lugar?

¿Quiénes son sus padres? ¿Qué hacen o qué hacían para ganarse la vida?

¿Quiénes son sus hermanos? ¿Qué lugar ocupa usted entre sus hermanos de acuerdo al orden de nacimiento?

¿Con quién tenía más afinidad cuando era pequeño? ¿Y ahora?[2]

Instantáneas

Escriba o dibuje algo de sí mismo y cuente al grupo las cosas más interesantes para ayudarlos a tener una idea de quién es usted. De acuerdo al tiempo que tengan y el número de personas, complete una o más de estas oraciones.

En una ocasión:

Estuve realmente contento …

Corrí un gran riesgo y valió la pena …

Resistí y logré una gran meta …

Me dio mucha vergüenza …

Realmente me acobardé …

Me estaba estancando …

Mi bolsa de valores

¿Cuántas personas tienen acciones en su vida? ¿Cuántos invierten en usted? ¿Quién sufriría más si la "empresa de su vida" se declarara en bancarrota? ¿Quién se beneficiaría más si sus acciones ascendieran? Se le han concedido 1,000 acciones. Indique cómo están distribuidas estas acciones actualmente y quién tiene la mayor cantidad de usted en acciones:[3]

Cónyuge	_____	Acciones
Hijos	_____	Acciones
Padres	_____	Acciones
Amigos	_____	Acciones
Centro de trabajo	_____	Acciones
Otros	_____	Acciones

1. Tomado de En pos de lo supremo de Oswald Chambers. © 1935 by Dodd Mead & Co., renovado © 1963 por Oswald Chambers Publications Assn., Ltd., y usado con permiso de Discovery House Publishers, Box 3566, Grand Rapids MI 49501. Todos los derechos reservados. Disponible en el Internet: http://www.myutmost.org/10/1017.html
2. Adaptado de Icebreakers and Heartwarmers: 101 Ways to Kick Off and End Meetings de Steve Sheely, Serenity House Publishers, Nashville, TN, 1998, p. 67.
3. Ibid., 77.

Materiales para el seguimiento

VIDAS VALIENTES

- *http://www.LifeWay.com/Valientes,*

- *http://www.courageousthemovie.com/espanol*

- *www.dayspring.com/courageous* (Inglés).

CRIANZA DE HIJOS

- *La aventura de ser padres*
  http://www.lifeway.com/product/005189418/

- *Padres por la gracia de Dios*
  http://www.lifeway.com/product/001133350/

- *La familia cristiana de hoy.* Una revista trimestral para toda la familia.
  http://www.lifeway.com/article/169810/

MINISTERIO PARA HOMBRES

- *Fraternidad de hombres: La búsqueda de una masculinidad auténtica*
  http://www.lifeway.com/product/005097867/

- *Fraternidad de hombres: La búsqueda de una masculinidad auténtica DVD*
  Doblado al español. 24 CDs con las presentaciones del pastor Lewis.
  http://www.lifeway.com/product/001260518/

Inicia una Revolución

Esto es lo que soy. Esto es lo que tengo.
Y esto es lo más importante para mí…

Ya está a la venta | 978-1-4336-7465-5

BHEspanol/Valientes

EL HONOR
COMIENZA
EN CASA

Para Hombres Decididos

La Resolución para Hombres en un documento conmemorativo

LA RESOLUCIÓN
TAL COMO APARE
EN LA PELÍCULA
RETO DE VALIENT

Una vez leído el libro *La Resolución para Hombres*, sella tu compromiso como líder de tu familia con esta Resolución conmemorativa impresa.

El documento de *La Resolución* está disponible en tu librería cristiana favorita.
Mas información en www.BHespanol.com/Valientes

DaySpring®
Your heart. God's love.™

FROM THE CREATORS OF FIREPROOF
COURAGEOUS
HONOR BEGINS AT HOME